# BEI GRIN MACHT SICH IHR WISSEN BEZAHLT

AF143577

- Wir veröffentlichen Ihre Hausarbeit,
  Bachelor- und Masterarbeit

- Ihr eigenes eBook und Buch -
  weltweit in allen wichtigen Shops

- Verdienen Sie an jedem Verkauf

## Jetzt bei www.GRIN.com hochladen
## und kostenlos publizieren

GRIN

**Bibliografische Information der Deutschen Nationalbibliothek:**

Die Deutsche Bibliothek verzeichnet diese Publikation in der Deutschen National-bibliografie; detaillierte bibliografische Daten sind im Internet über http://dnb.d-nb.de/ abrufbar.

**Impressum:**

Copyright © 2016 GRIN Verlag, Open Publishing GmbH
Druck und Bindung: Books on Demand GmbH, Norderstedt Germany
ISBN: 9783668358553

**Dieses Buch bei GRIN:**

http://www.grin.com/de/e-book/346493/partizipation-in-der-kindertageseinrichtung

Anonym

# Partizipation in der Kindertageseinrichtung

**Theoretische Analyse der Partizipationskultur und eines Partizipationsprojekts**

GRIN Verlag

**GRIN - Your knowledge has value**

Der GRIN Verlag publiziert seit 1998 wissenschaftliche Arbeiten von Studenten, Hochschullehrern und anderen Akademikern als eBook und gedrucktes Buch. Die Verlagswebsite www.grin.com ist die ideale Plattform zur Veröffentlichung von Hausarbeiten, Abschlussarbeiten, wissenschaftlichen Aufsätzen, Dissertationen und Fachbüchern.

**Besuchen Sie uns im Internet:**

http://www.grin.com/

http://www.facebook.com/grincom

http://www.twitter.com/grin_com

# Inhaltsverzeichnis

# Einleitung

„Ich hatte gelernt, dass Kinder eine Macht sind, die man zur Mitwirkung ermuntern und durch Geringschätzung verletzen kann" (vgl. Janusz Korczak, S.247).

Bringen wir dieses Zitat in Zusammenhang mit Partizipation, so wird deutlich, dass bereits Janusz Korczak erkannte, dass Kinder fähig sind, durch Mitbestimmung ihre Lebenswelt zu gestalten. Leider finden wir in der Praxis ganz andere Verhältnisse wieder, in denen die pädagogischen Fachkräfte über Bildung und Lernprozesse entscheiden und den Kindern keine oder nur eine geringe Möglichkeit zur Beteiligung bieten. Um diese Verhältnisse in Kindertageseinrichtungen zu verändern, müssen die pädagogischen Fachkräfte ihre Haltung sowie die Machtposition gegenüber den Kindern verändern.

Auf der Grundlage der oben kurz aufgeführten Thematik beschäftigt sich die vorliegende Hausarbeit mit dem Schwerpunkt Partizipation von Kindern in Kindetageseinrichtungen und ist in vier Teilen gegliedert.

Zu Beginn der Hausarbeit werden die theoretischen und rechtlichen Grundlagen zum Thema „Partizipation" erläutert. Als Nächstes wird das Partizipationsprojekt, das in der Einrichtung durchgeführt wurde, beschrieben. Auf das Partizipationsprojekt kann im Rahmen dieser Arbeit nur am Rande eingegangen werden.

Im dritten Teil wird die durchgeführte Forschung in der Einrichtung dargestellt und es werden die Ergebnisse interpretiert. Zum Schluss wird das Praktikum im Hinblick auf positive und negative Erfahrungen sowie Erlebnisse reflektiert.

# 1 Theoretische Einführung

## 1.1 Definition von Partizipation

Eine Definition, die in zahlreicher pädagogischer Fachliteratur wiederzufinden ist, geht auf Richard Schröder zurück, der Folgendes formuliert: „Partizipation heißt, Entscheidungen, die das eigene Leben und das Leben der Gemeinschaft betreffen, zu teilen und gemeinsam Lösungen für Probleme zu finden" (vgl. Hansen, Knauer & Sturzenhecker, 2011, S. 19).

Partizipation leitet sich von dem lateinischen Begriff participare ab und meint übersetzt *Teilhabe, teilnehmen, Anteil haben* oder *beteiligt sein.*

Allerdings beschränkt sich Partizipation nicht nur auf die (An-)Teilnahme, sondern beinhaltet auch mitwirken, mitbestimmen und mitgestalten dürfen und können (vgl. Hansen, Knauer & Sturzenhecker, 2011).

Im Mittelpunkt stehen dabei die Entscheidungen, die getroffen werden sollen, sowie die Beteiligungsmöglichkeiten (vgl. Dobrick, 2011, S. 18). Genauer betrachtet ist damit auch der Grad der Beteiligung gemeint, ob die Menschen bewusst an Entscheidungen mitwirken und mitsprechen können und in welchem Ausmaß das geschieht (vgl. Moser, 2010, S. 71).

Partizipation kommt in unterschiedlichen Lebensbereichen vor und wird dementsprechend verschieden ausgelegt.

Betrachten wir Partizipation auf der gesellschaftlichen Ebene, geht es schwerpunktmäßig mehr um allgemeine Planungs- und Entscheidungsprozesse, die Kinder und Jugendliche betreffen, um so deren Einsatzbereitschaft im politischen Bereich zu fördern (vgl. Sturzbecher/Waltz, 2003, S. 17).

Im pädagogischen Kontext liegt der Schwerpunkt auf der Lebenswelt der Kinder, die durch die Kinder beeinflusst werden soll.

Partizipation meint damit, den Heranwachsenden verschiedene Möglichkeiten der Partizipation mithilfe der pädagogischen Fachkraft zu bieten.

Das Ziel von Partizipation ist, die Kinder zur Selbstständigkeit zu erziehen und sie zur Entscheidungsfindung und Selbstbestimmung zu (vgl. Knauer/Sturzenhecker, 2005, S. 67).

## 1.2 Rechtliche Grundlagen

In diesem Abschnitt wird sich mit den gesetzlichen Grundlagen zum Thema „Partizipation" beschäftigt, die die Beteiligung von Kindern auf internationaler wie nationaler Ebene sichern (vgl. Hansen, 2011, S. 47).

Auf internationaler Ebene ist das Recht auf Partizipation in der UN-Kinderrechtskonvention im Artikel 12 Absatz 1 gesichert. In diesem Absatz heißt es: „Die Vertragsstaaten sichern dem Kind, das fähig ist, sich eine eigene Meinung zu bilden, das Recht zu, diese Meinung in allen das Kind berührenden Angelegenheiten frei zu äußern, und berücksichtigen die Meinung des Kindes angemessen und entsprechend seinem Alter und seiner Reife" (Hansen, 2011, S. 48). Hier wird das Recht auf Partizipation zwar gesichert, aber in Abhängigkeit vom Alter und von der Reife des Kindes gestellt.

Die rechtliche Grundlage zum Thema „Partizipation" lässt sich in Deutschland im Kinder- und Jugendhilfegesetz (§ 8 SGB VIII) nachlesen. Dort heißt es im § 8 Absatz 1: „Kinder und Jugendliche sind entsprechend ihrem Entwicklungsstand an allen sie betreffenden Entscheidungen der öffentlichen Jugendhilfe zu beteiligen. (...)" (Brodbeck, 2014). Zudem fordert der § 22 SGB VIII, sich am Kind und dessen Interessen und Bedürfnissen zu orientieren, in dem es heißt: „(...) Die Förderung soll sich am Alter und Entwicklungsstand, den sprachlichen und sonstigen Fähigkeiten, der Lebenssituation sowie den Interessen und Bedürfnissen des einzelnen Kindes orientieren und seine ethnische Herkunft berücksichtigen" (Rechtliche Grundlagen, 2014). Somit wird den pädagogischen Fachkräften vorgeschrieben, die Kinder an ihren Belangen zu beteiligen. Wie weit dies geschieht und welche Partizipationsspielräume den Kindern ermöglicht werden, liegt an der pädagogischen Fachkraft. Das Recht auf Partizipation ist abhängig von Erwachsenen. Hansen sagt dazu: „Damit wird in Kindertageseinrichtungen die konkrete Umsetzung von Beteiligungsrechten zur Aufgabe der pädagogischen Fachkräfte, die entscheiden, was eine angemessene und dem Entwicklungsstand des Kindes entsprechende Beteiligung im Einzelnen bedeutet" (Hansen et al., 2011, S. 52).

## 2. Planung und Durchführung eines Beteiligungsprojektes in der Einrichtung

Dieses Kapitel konzentriert sich darauf, wie das Partizipationsprojekt in der Einrichtung gestaltet worden ist. Es werden die verwendeten Methoden sowie die gemeinsame Planung verkürzt dargestellt. Zu Beginn wird die Einrichtung beschrieben, anschließend die Gruppe.

### 2.1 Beschreibung der Einrichtung

Das Blockpraktikum wurde im Kinder- und Familienzentrum in S. absolviert. Die Einrichtung bietet ein Betreuungsangebot für Kinder im Alter von zwei bis zwölf Jahren an, für insgesamt 52 Kinder.

In der Einrichtung gibt es zwei altersgemischte Gruppen für je 14 Kinder im Alter von zwei bis zehn Jahren und die Hortgruppe, die für zwölf Schulkinder von sechs bis zwölf Jahren eingerichtet ist.

In der Einrichtung ist die pädagogische Arbeit folgendermaßen organsiert. Es handelt sich um offene Gruppen, aber mit fester Bezugserzieherin. Des Weiteren wird mit den Bildungs- und Lerngeschichten nach Magrit K. gearbeitet, die die Grundlage für das Portfolio, den Kinderaustausch und die Beobachtungen darstellen. Hinzu kommen die Förderung der individuellen Entwicklung der Persönlichkeit sowie die vorurteilsbewusste Erziehung nach Louise Derman-Sparks, die die Kinder dazu befähigen soll, Vorurteile kritisch zu hinterfragen und sich dagegen zur Wehr zu setzen. Um diese pädagogischen Ziel zu erreichen, sind in der Einrichtung verschiedene Fachkräfte mit unterschiedlicher Funktion und Arbeitsprozenten angestellt.

### 2.2 Ausgangslage

Ich konnte öfters beobachten, wie sich die Kinder beklagten, dass sie schon lange keine Ausflüge gemacht haben und sich wünschen, dass bald ein Ausflug stattfindet. Ausgehend davon habe ich entschieden, ein Partizipationsprojekt zum Thema „Ausflug" mit den Kindern zu gestalten.

Das Projekt sollte mit den Vorschul- und Schulkindern durchgeführt werden, dies wurde mir von der Einrichtung vorgegeben. Jeden Donnerstag kamen die zehn Kinder ab 9.30 bis ca. 10.30 Uhr in den Turnraum, um dort an unserem Projekt zu arbeiten.

## 2.3 Planungsskizze

Es wurde eine Planungsskizze erstellt, in der die einzelnen Schritte mit der methodischen Vorgehensweise beschrieben sind. Dies ist im Anhang wiederzufinden.

## 2.4 Durchführung

Bevor ich mein Projekt begonnen hatte, kündigte ich im Morgenkreis an, dass ich mit den Kindern (Vorschul- und Schulkinder) am nächsten Tag ein Projekt durchführen möchte. So wussten die Kinder im Vorfeld, dass sie bis 10.00 Uhr genug Zeit haben, um zu frühstücken und zu spielen, und uns anschließend im Turnraum treffen werden.

Mein Projekt begann am Donnerstag. Im Turnraum hatte ich zuvor das benötigte Material, Stift, Papier, Stellwand, sowie einen Sitzkreis vorbereitet, um so einen guten Ablauf zu ermöglichen. Als die Kinder im Kreis saßen, erzählte ich ihnen zunächst, warum wir hier sitzen und was ich mit ihnen vorhabe und klärte sie über die Rahmenbedingungen auf. Hier teilte ich den Kindern auch mit, dass sie entscheiden dürfen, ob sie am Projekt teilnehmen möchten. Das Projekt ging weiter, indem ich den Kindern erzählte, was Partizipation eigentlich ist und welche Möglichkeiten sie dadurch haben. Anschließend habe ich die Kinder gefragt, ob sie eine Idee hätten, zu welchem Thema wir ein Projekt durchführen könnten. Die Kinder waren einstimmig für einen Ausflug. Ich fragte in die Runde, ob sie wissen, wohin wir einen Ausflug machen könnten. In dieser Phase konnten sich die Kinder zum einen austauschen und zum anderen ihren Wunsch bzw. ihre Idee äußern, auf ein Papier malen und dieses an der Stellwand aufhängen.     Hier war mein Ziel, dass die Kinder erleben, dass ihre Ideen ernst genommen werden und wertvoll sind.
Beim nächsten Treffen in dieser Kindergruppe wurden die Ideen, die die Kinder genannt hatten, im Einzelnen betrachtet und in Bezug auf ihre Umsetzbarkeit geprüft. Das Ziel, das hier verfolgt wurde, ist, sich auf eine kleine Auswahl von drei Ideen zu beschränken. Dies wurde umgesetzt, indem mit den Kindern mithilfe der Methode Hirakete (Abstimmung mit drei Punkten) abgestimmt wurde. Danach wurden die Ideen mit den Punkten wieder auf der Stellwand

aufgehangen. Die Ideen ohne Punkte wurden aussortiert und damit das Treffen beendet.

Weiter ging es beim drauffolgenden Treffen, in dem die Kinder selbst erzählen konnten, was man an den Ausflugszielen alles unternehmen könnte. Zudem gab ich ihnen alle wichtigen Informationen, bevor mit der zuvor besprochenen und durchgeführten Methode der drei Punkte abgestimmt wurde. Die Kinder hatten sich entschieden, erst in ein Museum zu gehen und anschließend auf den Milka-Spielplatz.

In den drauffolgenden Begegnungen wurden dann Dinge geklärt wie z. B. die Verpflegung, das Verkehrsmittel, der Begleitpersonen und der Ablauf.

Dem Team habe ich immer freitags erzählt, in welchem Projektschritt wir momentan sind und was wir besprochen haben. Genauso habe ich dem pädagogischen Team mitgeteilt, was ich beim nächsten Mal mache und ob es Einwände bzw. ein Veto gibt.

*Zum Schluss hatten sich die Kinder für Folgendes entschieden:*
Die Kinder möchten einen Ganztagsausflug machen, ihre Brötchen selber belegen und sie hatten einen Wunsch geäußert, was sie zur Mittagsverpflegung mithaben möchten. Sie hatten auch die Begleitperson selber ausgesucht. Sie wollten zu Beginn ins Dino-Museum gehen und anschließend nach dem Mittagessen auf den Spielplatz und von dort mit der Straßenbahn zurückfahren.

# 3. Empirischer Teil – Forschung zum Thema Partizipation in der Einrichtung

In diesem Kapitel der wissenschaftlichen Hausarbeit werden die qualitativen Forschungsmethoden des Projektes beschrieben. Der Leser soll einen Einblick in die Methode, die Art der Stichprobe, die Durchführung sowie die Auswertungsmethode bekommen. Somit soll sich der Bogen zu dem anschließenden Kapitel spannen; den Ergebnissen dieser Forschung.

## 3.1 Hinführung zur Fragestellung

Ich konnte zu Beginn meines Praktikums beobachten, dass die Regel für die Kleidung im Garten verändert worden ist.

Auf der Grundlage dieser Beobachtung habe ich mich für folgende Forschungsfrage entschieden:

**Weshalb veränderten die pädagogischen Fachkräfte die Regel der Kleiderordnung im Außenbereich und welche Beteiligungsmöglichkeiten haben die Kinder dadurch?**

## 3.2 Das forschungsmethodische Vorgehen

Im Forschungsprozess der wissenschaftlichen Hausarbeit wurden qualitative Methoden verwendet.

Zunächst können diese unterschieden werden, und zwar wird in der empirischen Sozialforschung zwischen mündlicher und schriftlicher Befragung differenziert (vgl. Bortz & Döring, 1995).

In dieser Arbeit wurde die Methode der mündlichen Befragung gewählt. Auch hier wird unterschieden.

„Es gibt unterschiedliche Arten der mündlichen Befragung, unter anderem abhängig von dem „Ausmaß der Standardisierung", der „Art des Kontaktes" und der „Anzahl der befragten Personen"" (Schnaithmann, 2004, S. 217).

Zunächst werden die oben in der Definition beschriebenen drei Aspekte einer mündlichen Befragung näher ausgeführt und anschließend in Bezug zur Forschungsmethode gesetzt.

Zu Beginn betrachte ich den Aspekt Standardisierung. Die Autoren Bortz und Döring (1995) unterscheiden hierbei drei Formen, und zwar nicht-standardisiert, halb-standardisiert und vollständig standardisiert.

Das nicht-standardisierte Interview gibt für das Interview keine Formulierungen für die Fragen und auch keine Reihenfolge, wie diese Fragen zu stellen sind, vor.

Im halb-standardisierten Interview ist die Formulierung der Fragen festgelegt, aber nicht deren Reihenfolge. Diese Interviewform ist auch bekannt unter dem Begriff Leitfadeninterview.

Der letzte Grad, das vollständige standardisiert Interview, gibt die Fragenformulierungen, die Abfolge der Fragen, die Antwortmöglichkeiten (Ja und Nein) und das Verhalten des Interviewers vor (vgl. Bortz & Döring, 1995).

Als Nächstes wird der zweite Aspekt Kontakt näher beschrieben. Das Interview kann in unterschiedlichem Kontakt durchgeführt werden. Dazu zählen: persönlich, schriftlich, telefonisch.

Der letzte Aspekt die Stichprobe meint den Personenkreis, der für das Interview infrage kommt. Der Auswahl der Befragten erfolgt nach Faktoren der perspektivischen Typik. Damit ist gemeint, dass die Befragten auf der Grundlage bestimmter Eigenschaften und Funktionen ausgewählt werden, weil diese eine charakteristische Gruppe von Menschen repräsentieren (vgl. Bortz & Döring, 1995).

Auf der Grundlage der oben aufgeführten drei Aspekte einer mündlichen Befragung wurde das Forschungsinstrument folgendermaßen konzipiert:

Es wird das offene Leitfadeninterview ausgewählt. Dieses ermöglicht, dass die Punkte, die interessierend sind, thematisiert werden sowie die Vergleichbarkeit mit anderen Interviews sichergestellt werden kann, da der gleiche Leitfaden mit denselben Punkten zugrunde lag (vgl. Lamnek, 2005).

Zusätzlich wurden entschieden, dass die Interviews in Form von Einzelgesprächen stattfinden sollen.

Hierzu formuliert Schnaithmann Folgendes: „Ein Einzelinterview ist „[...] immer dann unersetzbar, wenn die Beantwortung der Fragen eine persönliche, durch Gruppendruck unbeeinflusste Atmosphäre erfordert" (ebd., S. 221 f.).

Im Einzelinterview, das persönlich geführt wird, ist es möglich, die ehrliche Meinung und die persönliche Einstellung des Befragten herauszufinden.

Die Stichprobe umfasst die vier Gruppenerzieher der altersgemischten Gruppe, die den ganzen Tag mit den Kindern gemeinsam arbeiten.

### 3.2.1 Auswahl und Beschreibung der Stichprobe

Ich hatte für meine Stichprobenauswahl die Methode der Vorab-Festlegung genutzt.

Diese Forschungsarbeit ist nicht repräsentativ und im Vordergrund der Forschung steht der Inhalt der Interviews.

In der Vorab-Festlegung werden die Kriterien zur Bildung der Stichprobe aus der Fragestellung der Untersuchung vordefiniert.

Die Fragestellung in dieser Hausarbeit lautet: Warum veränderten die Fachkräfte die Kleiderordnung für den Außenbereich? Und welche Beteiligungsmöglichkeiten haben die Kinder dadurch?

Dadurch ergibt sich für unsere Stichprobe Folgendes:

Es werden Interviews mit vier Gruppenerziehern der Mischgruppe durchgeführt, die den ganzen Arbeitstag mit den Kindern gemeinsam arbeiten und regelmäßig an der Anziehsituation beteiligt sind bzw. diese mit durchführen und erleben.

### 3.2.2 Durchführung (Planung zur Durchführung des Interviews)

Die Interviews, die ich im Kinder- und Familienzentrum durchgeführt habe, fanden im Büro der Leitung statt. Im Büro ist die Atmosphäre angenehm, der Raum war den Befragten nicht fremd und es wurden Getränke bereitgestellt.

Vor jedem Interview habe ich die Befragten noch mal informiert, welches Ziel mit dem Interview verfolgt wird.

Darüber hinaus habe folgende Punkte nach Lamnek beachtet:

- Eine Datenschutzvereinbarung, die schriftlich verfasst worden ist und von den Befragten unterschrieben wurde.
- Die Funktion des Aufnahmegerätes wurde den Befragten erklärt, um so die Unsicherheit vor dem Gerät zu minimieren (vgl. Lamnek, 2005).

Die Interviews wurden von Februar bis April 2016 durchgeführt. Bevor die Interviews mit den Klienten stattfanden, habe ich zuvor ein Probeinterview durchgeführt (mit einer externen Erzieherin), um die eventuell aufkommende Unsicherheit im Verlauf des Interviews zu minimieren. Dies führte dazu, dass ich meinen Interviewleitfaden noch einmal modifizierte, da einige Fragen nicht klar definiert waren.

### 3.2.3 Datenauswertung

Die aufgezeichneten Interviews werden zunächst transkribiert. Der Autor Mayring versteht unter einer Transkription, die gesprochene Sprache in die schriftliche Form zu übertragen (vgl. Mayring, 2002, S. 89).

Die aufgenommenen Dateien werden wörtlich niedergeschrieben (transkribiert). Das heißt, das Gesprochene wird wortwörtlich verschriftlicht. Jedes Interview wird in einer separaten Worddatei mit Zeilennummerierung ausgewertet, um im Ergebnisteil auf die Quelle verweisen zu können. Alle Interview-Worddateien sind mit einem Großbuchstaben (A - D) durchnummeriert, um auch hier auf die Quelle verweisen zu können.

In der Transkription werden zunächst Sprechpausen sowie ehm/aha und Sonstiges übernommen. Diese irrelevanten Äußerungen werden anschließend in einem zweiten Transkript herausgestrichen, wenn diese den Inhalt nicht verändern. Zudem werden im zweiten Durchlauf Dialekte in die hochdeutsche Schriftsprache übersetzt, Fehler im Satzbauch korrigiert und der Stil wird ausgeglichen. Das Transkript ist vorbereitet für das Auswertungsverfahren (vgl. Mayring, 2002, S. 91).

### 3.2.4 Auswertungsverfahren

Ausgewertet wurden die Interviews nach Mayring sowie seinem Ablaufmodell der zusammenfassenden Inhaltsanalyse. Mayring sagt: „Ziel der Analyse ist es, das Material so zu reduzieren, dass die wesentlichen Inhalte erhalten bleiben, durch Abstraktion einen überschaubaren Corpus zu schaffen, der immer noch Abbild des Grundmaterials ist" (Mayring, 2003, S. 58).

Demnach sieht Mayring das Interpretieren in seiner Grundform als Zusammenfassen an.

Die Schritte der Auswertung werden in einer Tabelle für alle Interviews niedergeschrieben. Dies ermöglicht dem Leser, den Ablauf gut nachzuvollziehen.

Es folgt ein Auszug aus der Auswertungstabelle:

| Fall | Zeile | Nr. | Paraphrasieren | Generalisierung | Reduktion |
|------|-------|-----|----------------|-----------------|-----------|
| A | Z. 27-29 | 1 | Für Kinder unter vier, wird bestimmt wie sich für den Außenbereich zu kleiden haben. | Jüngere Kinder werden in der Kleidungsordnung nicht beteiligt. | K1: Unterschiedliche Reglungen für den Garten<br>- Kinder unter vier, wird bestimmt wie sich für den Garten kleiden.<br>- Kinder unter |

Der erste Schritt der Zusammenfassung ist das Paraphrasieren. Hierzu werden folgende Regeln vordefiniert:

- Nicht oder wenig inhaltstragende Textbestandteile wie Ausschmückungen oder Wiederholungen werden gestrichen.
- Übersetzung der inhaltstragenden Textbestandteile auf eine einheitliche Sprachebene.
- Umwandlung auf eine grammatikalische Kurzform. Als zweiter Schritt folgt die „Generalisierung" (vgl. Donner-Banzhoff, 2013, S. 96).

Als Nächstes erfolgt das Generalisieren. Damit ist gemeint, die Aussagen so zu verallgemeinern, dass diese mit der zu erforschenden Vermutung in Bezug gesetzt werden können. Auch hier sind Regeln definiert:

- Generalisierung der Gegenstände der Paraphrasen auf die Abstraktionsebene, dass die alten Gegenstände in den neu formulierten enthalten sind.
- Paraphrasen, die über dem Abstraktionsniveau liegen, werden unverändert belassen.
- In Zweifelsfällen werden theoretische Vorannahmen zur Hilfe genommen (vg. Donner-Banzhoff, 2013, S. 96).

Im nächsten Schritt wird die erste Reduktion durchgeführt. Hier werden inhaltsähnliche, bedeutungsgleiche oder nicht inhaltstragende Paraphrasen weggestrichen. Nach der ersten Reduktion sollten nur noch Paraphrasen vorhaben sein, die als bedeutsam gelten.

Anschließend kommt es zur zweiten Reduktion. Hier wird das bereits abgekürzte Textmaterial noch einmal auf Paraphrasen mit gleichem oder ähnlichem Gegenstand und/oder Aussagen untersucht. Diese werden dann zu einem Punkt zusammengefasst.

Diese zusammengefassten „Punkte" werden als Kategoriensystem betrachtet. Überprüft wird im letzten Schritt des Paraphrasierens, ob alle Aussagen aus dem ersten Paraphrasieren erhalten sind.

Wenn das der Fall ist, ist die Zusammenfassung fertig und das gewonnene Material (Kategoriensystem) kann mit der Fragestellung interpretiert und die Befragungen gegenübergestellt werden (vgl. Mayring, 2003).

# 4. Darstellung der Untersuchungsergebnisse

Dieses Kapitel beschäftigt sich mit den Ergebnissen und deren Interpretation. Wie im Kapitel 3.2.4 bereits beschrieben wurde, sind die Interviews zusammengefasst und danach analysiert worden.

Das Textmaterial wird nun mit seinen Ergebnissen vorgestellt und abschließend interpretiert.

## 4. 1 Darstellung und Interpretation der Ergebnisse

Chronologisch werden die Ergebnisse und die Interpretation in dieser Forschungsarbeit aufgezeigt. Diese Ergebnisse ergeben sich aus der zweiten Reduktion, der qualitativen Inhaltsanalyse nach Mayring.

Im ersten Teil des Kapitels werden die gebildeten Hauptkategorien vorgestellt. Diese Hauptkategorien werden in darauffolgenden Teil differenziert betrachtet und anschließend interpretiert.

Hauptkategorien

Es wurden insgesamt vier Kategorien gebildet.

Die erste Kategorie geht der Frage nach, was die Gründe dafür waren, dass die Regel für die Kleidung im Garten verändert worden ist.

Die nächste Kategorie beschäftigt sich damit, wie weit die Kinder an dem Prozess der Regelveränderung beteiligt worden sind.

Die dritte Kategorie befasst sich mit der neuen Regel für den Garten und die letzte Kategorie damit, welche Beteiligungsmöglichkeiten die Kinder an der neuen Regel haben.

Die erste Hauptkategorie beschäftigt sich mit den Gründen, weswegen die Regel verändert worden ist. Alle befragten pädagogischen Fachkräfte gaben an, dass die Anziehsituation für den Garten belastend und schwierig für die Kinder und die Fachkräfte war. Zudem sagen die Fachkräfte, dass diese ungern in der Macht- bzw. Bestimmerposition sind. Aus diesen beiden Gründen resultiert, dass die Fachkräfte gerne die Situation verändern möchten und eine andere Lösung wollen. Des Weiteren wollen die Fachkräfte über die Kinder nicht bestimmen, indem sie „ihre Macht" dafür nutzen und dadurch, dass die FK entscheiden, die Kinder in Ohnmacht sind (Haltung - Partizipation).

Als ein weiterer Grund wird von den Personen A, B und D genannt, dass die Kinder an der Regel beteiligt werden möchten und sich bei den Erwachsenen beschweren. Daraus lässt sich ableiten, dass die Kinder selbstständig entscheiden wollen, wie sie sich für den Garten zu kleiden haben, vor allem wollen sie entscheiden, ob sie eine Matschhose anziehen müssen. Hier lässt sich ableiten, dass die Kinder auf ihr Recht pochen, selbst entscheiden zu dürfen, und dieses einfordern.

Auch wird aufgeführt, warum die Regel verändert worden ist, dass die FK die Kinder mit ihren Themen ernst nehmen und auf Wunsch der Kinder verändert worden ist.

Auf der Grundlage der aufgeführten Aussagen kann gesagt werden, dass die FK eine partizipierte Haltung den Kindern gegenüber haben und sie ernst nehmen.

Die zweite Hauptkategorie geht der Frage nach, wie weit die Kinder am Prozess der Regelveränderung beteiligt worden sind.

Fachkraft B gibt an, dass die Meinung der Kinder im Veränderungsprozess eingeholt worden ist. Die Kinder wurden im Morgenkreis gefragt, was sie an der Regel verändern wollen. Zwar werden die Kinder angehört, aber am Prozess der Regelveränderung werden sie nicht beteiligt.

Um die Stufe der Beteiligung zu bestimmen, wird das Modell der Stufen der Beteiligung nach Schröder hinzugezogen (vgl. Schröder 1995). Mit seinem Modell möchte er beschreiben, dass die Beteiligung unterschiedlich sein kann. Die unterste Form von Beteiligung ist die Fremdbestimmung und die oberste Form die Selbstbestimmung. Beziehen wir dieses Modell auf unser oben aufgeführtes Ergebnis, dann befinden wir uns auf Stufe 3, die Alibi-Teilnahme, die unterste Form von Beteiligung.

Dies zeigt, dass es sich bei der in der Einrichtung durchgeführten Partizipation **um eine Scheinbeteiligung handelt.**

Die dritte Kategorie steht im Mittelpunkt, die veränderte (neue) Regel.

Die Fachkräfte geben nur den älteren Kindern die Möglichkeit, sich an der neuen Regel zu beteiligen, indem der Wetterexperte Auskunft über das Wetter im Garten gibt und die Wahl der Kleidung für den Garten unterstützt. Wichtig ist noch zu erwähnen, dass die FK möchten, dass die Kinder im Garten eine Jacke anziehen. Dies deutet darauf hin, dass die Fachkräfte einen Kompromiss zwischen ihren Wünschen und denen der Kinder gefunden haben. Zudem können sie durch den Wetterexperten sicherstellen, dass den Kindern mitgeteilt wird, wie das Wetter ist und wie sie sich anziehen können. Die Aussagen über das Wetter im Garten kommen nicht von den Erwachsen, sondern von einem Kind und so geben die Erwachsenen nichts vor. Des Weiteren geben die Fachkräfte an, dass sie Vorgaben von den Eltern bekommen, wie sich die

Kinder für den Garten zu kleiden haben. Diese Vorgaben der Eltern haben unterschiedliche Beweggründe.

Zusammenfassend heißt das, dass die neue Regel dazu führt, dass die Kinder in ihrem Spielort begrenzt werden, indem sie vorgibt, dass in Bereichen wie Sand mit Matschhose zu spielen ist. Hier lässt sich einiges ableiten. Zum einen, dass die FK versuchen, die Wünsche der Eltern ernst zu nehmen, da diese nicht möchten, dass die Kinder mit dreckiger Kleidung nach Hause kommen, und dies versuchen, mit dieser Begrenzung sicherzustellen. Zum anderen, dass die Fachkräfte durch das falsche Anziehen nicht die Gesundheit der Kinder gefährden. Trotzdem haben die Kinder die Möglichkeit, selbstständig über die Kleidung zu entscheiden.

An diesem Beispiel zeigt sich, dass die Fachkraft zwischen zwei unterschiedlichen Spannungen und Akteuren handelt. Zwar sollten die Eltern in den Prozess der Partizipation eingebunden sein, aber die Interessen der Kinder sollten mehr Platz einnehmen als die der Eltern. Hier müsste die Einrichtung die Eltern für Partizipationsprozesse sensibilisieren, um Entscheidungsspielräume ohne „Störung" durch die Eltern schaffen zu können.

Die letzte Kategorie befasst sich damit, welche Beteiligungsmöglichkeiten die Kinder durch die neue Regel haben.

Hier wird von den Fachkräften genannt, dass die Kinder ihre Kleidung für den Außenbereich selbstständig wählen dürfen, aber in Anhängigkeit vom Spielort im Garten. Nur auf die Jacke wird Wert gelegt, das ist die einzige Vorgabe, die von den Fachkräften (und den Eltern) kommt.

Wenn wir dieses Ergebnis wieder in Zusammenhang mit Schröder und seinen Stufen der Beteiligung bringen, dann sind wir auf Stufe vier und fünf. Die Kinder sind Informiert, das heißt, sie wissen, wie die Beteiligung aussieht, was die neue Regel ist und was sie dementsprechend können und dürfen.

## 4.2 Fazit

Zum Abschluss kann gesagt werden, dass die Einrichtung begonnen hat, sich in Richtung Partizipation zu öffnen. Gut ist, dass die Einrichtung die Kinder mit ihren Themen ernst nimmt und versucht, ihnen Beteiligungsmöglichkeiten zu bieten.

Es muss aber noch viel geschehen, damit diese Beteiligungsspielräume auch wirklich partizipativ sind. Das heißt, es muss klarer sein, wie die Beteiligung gestaltet wird, wie die Kinder in diesen Prozess eingebunden werden und mit welchen Methoden der Partizipation gestaltet wird. Welche Informationen brauchen die Kinder, um sich eine Meinung bilden zu können, und wie muss die Interkation zwischen allen Beteiligten gestaltet werden?

Des Weiteren benötigen die Fachkräfte noch Anleitung bzw. Schulung, um für das Thema sensibilisiert zu werden.

# Literaturverzeichnis

Bortz, Jürgen; Döring, Nicola (2006): Forschungsmethode und Evaluation für Human und Sozialwissenschaftler. Berln: Springerverlag

Dobrick, Marita (2011): *Demokratie in Kinderschuhen.* Göttingen, Niedersachs: Vandenhoeck & Ruprecht.

Donner-Banzhoff,Norbert; Bösner, Stefan (2013): *Innovationen verbreiten, optimieren und evaluieren.* Berlin, Heidelberg: Springer.

Hansen, Rüdiger; Knauer, Raingard; Sturzenhecker, Benedikt (2011): Partizipation in Kindertageseinrichtungen. So gelingt Demokratiebildung mit Kindern!, Weimar: verlag das netz.

Knauer, R. / Sturzenhecker, B. (2005): Partizipation im Jugendalter. In: Hafeneger, B./Jansen, M. M./Niebling, T. (Hrsg.): Kinder- und Jugendpartizipation im Spannungsfeld von Akteuren und Interessen. Opladen S. 63-93

Korczak, Janusz (2014): Wie man ein Kind lieben soll. Göttingen: Vandenhoeck & Ruprecht, 2014.

Lamnek S. (2005): Qualitative Sozialforschung. Band 2. Methoden und Techniken. Weinheim: Beltz

Mayring, Philipp (2002): *Einführung in die qualitative Sozialforschung.* Weinheim: Beltz.

Mayring, Philipp (2003): *Qualitative Inhaltsanalyse. Grundlagen und Techniken.* Weinheim: Beltz.

Schnaitmann G.W. (2004): Forschungsmethoden in der Erziehungswissenschaft. Zum Verhältnis von qualitativen und quantitativen Methoden in der Lernforschung an einem Beispiel der Lernstrategienforschung. Frankfurt a.M.

Schröder, R. (1995). Kinder reden mit! Beteiligung an Politik, Stadtplanung und –gestaltung. Beltz Verlag: Basel.

Moser, Sonja (2010) : Beteiligt sein. Partizipation aus der Sicht von Jugendlichen. Wiesbaden: VS Verlag für Sozialwissenschaften.

Sturzbecher, D. & Waltz, C. (2003). Kooperation und soziale Partizipation als Bedürfnis und Entwicklungsaufgabe von Kindern. In: Sturzbecher, D. & Großmann, H. (Hrsg.). Soziale Partizipation im Vor- und Grundschulalter. München: Reinhardt.

**Internet**

o.A. (2014): „Rechtliche Grundlagen". Drehscheibe Kinder- und Jugendpolitik Berlin. Abgerufen am 04. 06. 2016 von http://ttp://www.mitbestimmen-in-berlin.de/info-material/rechtliche-informatione

Brodbeck, Erika (2016): „Auf dem Weg zu einem neuen beteiligungsorientierten Alltag mit Kindern". Abgerufen am 15. 06. 2016 von http://www.kindergartenpaedagogik.de/2118.html..